Ouvrages du même auteur :

« Les Algériens en région parisienne et l'hôpital franco-musulman de Bobigny (1915-1950) », OPU, Oran, 1986.

« Espagnols et Marocains en Algérie (Oranie) pendant la crise économique internationale de 1930-1939 », 2016, amazon.fr

« Salariés, patronat, CGT et CFTC dans l'Algérie coloniale : Le cas de l'Oranie du Front populaire au gouvernement de Vichy (1936-1943) », 2016, amazon.fr

Fathi BENTABET

# Les Français et leurs concitoyens issus de la diversité : Quelques révélateurs de cette relation

# Introduction

Le vocable « diversité » désigne, en France, les citoyens, nés en France, dont les parents, et pour certains les grands-parents, sont issus des anciennes colonies. Ce terme est supposé remplacer « arabe », « maghrébin », « musulman », « immigré », « noir », « africain ». Dans cette étude, nous nous bornons, cependant, aux originaires du Maghreb et en particulier ceux d'Algérie, car ils sont au centre de nombreux débats que nous pouvons classifier en deux ensembles. La première catégorie soulève des problématiques de nature sociale et économique tels les contrôles au faciès, le chômage, le logement, la pauvreté, la scolarité, etc. ; ces thèmes éclairent une discrimination généralisée, présente dans toutes les strates de la société ; dans ce cas de figure, le Français issu de la « diversité » n'est pas mis en accusation ; la société reconnaît ses échecs. La seconde catégorie a un objectif de nature politique ; elle véhicule une représentation tronquée de cette partie de la population et lui accole une image négative. Les préjugés demeurent embusqués, à l'affût du moindre fait divers rapporté par l'actualité [1] : Terrorisme, salafisme, islam, violence, mosquées, imams, radicalisation, prisons, voile, femmes, communautarisme, mode, hallal, cantines scolaires,

---

[1] Voir notamment Stora, B., (1999), « Le transfert d'une mémoire - De "l'Algérie française au racisme anti-arabe" », la Découverte, 147 pages.

restauration rapide, abattage rituel et souffrance des animaux, identité nationale, immigration, binationalité, intégration, banlieues-quartiers populaires, délinquance, soulèvements arabes, etc. Peu à peu, l'incompréhension s'installe et les attentes se transforment en contentieux. En fait de débat, nous sommes propulsés dans une « cour d'accusation » ; nous assistons à des réquisitoires et à des verdicts, prévisibles, prononcés par des « magistrats » pris de vertige. Restreintes à des diatribes à la lisière du ressentiment, ces polémiques se résument à une litanie de blâmes et sonnent comme des coups de semonce ; la controverse se réduit à un harcèlement fait de reproches incessants, suscités, donc par l'actualité mais, également, provoqués par des politiciens, intellectuels, journalistes, « experts ». Cette construction dévalorisante des originaires d'Algérie, notamment, s'érige, s'impose au fil de la colonisation et peut surgir à tout instant, au moindre évènement si insignifiant soit-il ; l'objectif de cette « composition » est d'entretenir dans l'opinion une image abîmée de ces gens et du pays d'origine, notamment leur supposé violence, incessante, « innée ». Le propos de cette étude est d'appréhender les ressorts de ce discours, d'observer quelques manifestations significatives, révélatrices de cette représentation. La genèse de cette relation complexe et fluctuante est, par conséquent, dans le passé commun. Le récit colonial, question conflictuelle et source continuelle de griefs, déclenche, encore et toujours , égarements et divagations. Les passions ne se sont pas encore adoucies ; les braises ne sont qu'assoupies ; les fumerolles, à la faveur d'un fait divers anodin, peuvent à tout moment revivifier l'incendie. Cette période donne naissance à la communauté algérienne en France, une main-d'œuvre mise au service du patronat français à partir de 1915. Sa descendance, désormais française, et l'Algérie d'aujourd'hui ont hérité de ce discours entre amalgame et stigmatisation. Dans ce registre, l'expression « territoires perdus de la République », de plus en plus usitée, répand cette idée sournoise de « sécession », « séparation » ; elle accrédite un « désir d'apartheid », volonté de cette minorité et non de l'Etat ou de la communauté nationale ; le rejet n'est, donc, pas le fait de la « République ». Cette supposée aspiration au repli, illustrée par d'innombrables controverses, affirme, implicitement, que l'origine « immigrée » et « étrangère » est tenace, peut-être indélébile. Le second thème de cette étude aborde cette citoyenneté contestée et s'articule essentiellement autour de la jeunesse. Dans cette pléthore de débats biaisés, l'Algérie n'est pas exempte de critiques, parfois justifiées mais, également, d'inepties ; le dénigrement, la méconnaissance et le dédain, construits pendant l'ère coloniale, ébauchent un tableau caricatural de ce pays. Le football et les soulèvements arabes sont des clés de compréhension de cette représentation dans les médias français. Cette perception du présent est tronquée et se nourrit du passé. Comment peut-on saisir la société algérienne actuelle avec une longue-vue rivée exclusivement sur la période d'antan ?

# I / Le passé colonial entre histoire, mémoire, droit et politique

Dans les années 1990, en Algérie, le contexte économique et surtout politique et sécuritaire était des plus violents. Cette décennie, que l'on qualifie pudiquement de « noire », sert, en France, d'explication à l'actualité de ce pays en rapport avec les révoltes arabes des années 2010. *Les Echos*.fr, du 19 décembre 2012, écrit : « Le traumatisme de la guerre civile explique en partie la relative atonie d'une population (...) manifestant un très fort sentiment sécuritaire. ». Cette formule de « guerre civile » fait référence à la lutte de libération nationale (1954-1962). Le second qualificatif, plus explicite, employé par la presse française, des historiens, observateurs, intellectuels, est « deuxième guerre d'Algérie » [2]. Ces raccourcis nous proposent un passé linéaire, la guerre de libération explique la décennie 1990, celle-ci éclaire les années 2010. Ce schéma, pour le moins réducteur et approximatif, participe à une analyse, présente dans les deux pays, suggérant une sorte de parenté directe avec le conflit des années 1954-1962, une suite de cette « guerre dans

---

[2] Stora, B., (2012), « Deuxième guerre d'Algérie ? », page 181 à 188 in *Les temps modernes,* Paris, n° 580, et « Le cinéma algérien, entre deux guerres », in « Algérie, 50 ans après ».
Pervillé, G., (2012), parle de " nouvelle guerre d'Algérie " in « Les accords d'Evian (1962) : Succès ou échec de la réconciliation franco- algérienne (1954-2012) », A. Colin, 290 pages.
Malti, D., (2013), « La nouvelle guerre d'Algérie », Paris, la Découverte, 120 pages.

la guerre » opposant les Algériens entre eux (FLN- MNA), en parallèle au combat mené contre le colonisateur. Ainsi cette « décennie noire » est interprétée par la convocation du passé colonial ; il est requis dans sa compréhension, sa désignation. Cette corrélation n'est pas neutre ; elle donne à penser que l'hyper violence, la nature des crimes perpétrés sont comparables (torture, barbarie, exécutions à grande échelle, déplacement de population...), adoucissant, relativisant de la sorte la violence coloniale et normalisant la conduite de l'ancienne métropole. Cette superposition projette une image négative de la période post - coloniale, en l'occurrence « l'impasse » de l'Algérie indépendante, implicitement l'échec de « l'Algérie du FLN », la limite peut-être le terme de l'« unité » des Algériens (« imposée » par le FLN). En fait, ce conflit, de cette fin du 20ème siècle, oppose deux idéologies totalitaires ; tandis que l'officielle s'effrite, se tempère, la concurrente, réactionnaire, est vigoureuse, survoltée. En ce temps-là, les adorateurs du crime, adeptes subjugués, sectaires et zélés offrent à leur véritable dieu des rivières de sang de leurs compatriotes. Les funérailles se succèdent réguliers, semblables les uns aux autres ; les cimetières débordent. La Faucheuse, jamais rassasiée, se repait sans vergogne ; elle tient compagnie aux simples gens. Nul refuge, nulle compassion. La vie est abhorrée, anéantie. Elle est une denrée maudite, dérisoire, insignifiante. Bien que précipitée dans l'abîme et prise en étau entre des forces de sécurité ombrageuses, sur le qui-vive et un terrorisme dénué de toute humanité, la majorité de la population ne bascule pas dans la violence. Elle choisit son camp. Vaquer à ses occupations quotidiennes (travail, école, …) est une résistance aux intimidations et autres menaces des groupes salafistes. Ce « refus » enraye la désagrégation de l'Etat. Le combat de l'Algérie contre l'extrémisme est minoré au lieu d'être salué. L'incrédulité, et non la circonspection, le discernement, est la règle. Les grands médias, en instaurant le doute à propos de l'auteur de certains massacres, façonnent une image déplorable de l'armée, l'assimilant aux GIA. [3] Cette armée est un corps de conscrits affrontant une insurrection sanguinaire et implacable. Sa mission est de libérer la société des affres du terrorisme et la préserver de la perspective d'un régime théocratique, par essence despotique, violent, répressif, rétrograde, usurpateur et anachronique. Dans de tels moments critiques, au cours desquels tout un pays peut vaciller, n'est-ce pas le rôle d'une armée légitime et loyale envers son peuple ? Incontestablement, celle-ci, à l'instar de toutes les armées du monde, commet des fautes dans l'accomplissement de son devoir. De nombreuses études traitant de cette période furent publiées. [4] Le rapprochement de cette décennie avec la guerre

---

[3] Les « groupes islamiques armés » ont fait preuve d'une effrayante férocité contre leurs compatriotes ; à la suite de la reddition du FIS (Front islamique du salut) et de son armée (AIS), ils poursuivirent leurs exactions.
[4] Voir notamment Stora, B., (2001), « La guerre invisible - Algérie années 90 », Presses de Sciences Po, 125 pages.

d'Algérie montre que la période coloniale, notamment dans son ultime phase de férocité, est constamment sollicitée en tant que référence, explication du présent et suscite polémiques, crispations et passions en France, en Algérie et entre les deux pays. [5]

## I /1 Le récit colonial, une construction problématique

Ecrire l'histoire de la colonisation demeure un exercice délicat. La collision délibérée entre mémoire, histoire, droit et politique provoque le trouble dans les esprits. Cette mémoire commune, source de discorde, recouvre plusieurs strates : Gouvernement / indépendantistes, gauche / droite, et au sein de la gauche entre militants anti- colonialistes [6] / PCF [7] / SFIO.[8] En 2008, la déclaration de principe du PS ne souffle mot de ce combat et ne transmet nulle mémoire anti- colonialiste. Celle-ci fractionne, également, les Français issus de l'immigration (association les Indigènes de la République) et ceux partisans [9] de « l'Algérie française », eux-mêmes divisés.

---

[5] Stora relevait la persistance d'un inconscient français rêvant encore de revanche sur les Algériens, le 17 décembre 1991, dans *Le Quotidien d'Algérie.*

[6] Henri Curiel, ou la revue « Partisans » publiée par Maspéro.

[7] Notamment dans la différence de traitement des victimes (françaises) de la manifestation de Charonne et celles (algériennes) du 17 octobre 1961.

[8] Voir Guy Mollet et la « Bataille d'Alger ».

[9] Valensi, L., (dir.), (2004), « La guerre d'Algérie dans la mémoire et l'imaginaire », Paris, Bouchène. Thénault, Sylvie, (2004), « Travailler sur la guerre d'indépendance algérienne : bilan d'une expérience historienne », Afrique et histoire, n° 2.

Dans cette compétition mémorielle opposant l'ex colonisateur à l'ex colonisé (8 mai 1945, 17 octobre 1961, ...), la revendication de repentance est formulée, en Algérie, depuis 1990, par la Fondation du 8 mai 1945 de l'ancien ministre B. Boumaza ; la requête est présentée, le 14 juin 2000, devant l'Assemblée nationale française. L'hécatombe de mai 1945 est reconnue une première fois, le 27 février 2005 ; l'ambassadeur de France en Algérie parle de « tragédie inexcusable ». En avril 2008, son successeur Bernard Bajolet, évoque, à Guelma, ces « épouvantables massacres » et la « très lourde responsabilité des autorités françaises de l'époque dans ce déchaînement de folie meurtrière » ; il souligne que ces événements « ont fait insulte aux principes fondateurs de la République française et marqué son histoire d'une tache indélébile. (...). Aussi durs que soient les faits, la France n'entend pas, n'entend plus, les occulter. Le temps de la dénégation est terminé. » [10] Deux ans plus tard, en avril 2010, lors de la programmation au festival de Cannes du film "Hors-la-loi" de Rachid Bouchareb, des journaux français et algériens se font l'écho de la polémique, suscitée par un député UMP [11] ; le parlementaire

[10] Reggui, M., (2006), « Les massacres de Guelma, mai 1945 : une enquête inédite sur la furie des milices coloniales », Paris, la Découverte.
Péju, M. et P. (2011) « Le 17 octobre des Algériens. », suivi de Gilles Manceron, « La triple occultation d'un massacre », Paris, coll. cahiers libres, la Découverte.
[11] Parti conservateur dénommé aujourd'hui « Les Républicains ».

estime, à la seule lecture du scénario, que ce film, qu'il n'a par conséquent pas vu, est inspiré par un « esprit négatif et négationniste » et que « Bouchareb est un partisan, (...) un irresponsable qui met le feu aux poudres de manière insupportable ». Non sans menacer : « Ça ne va pas se passer comme ça. » La façon dont le film rend compte des massacres de mai et juin 1945 est un des principaux reproches formulés par le député, 65 ans après les faits. [12] Cet antagonisme est mu par des arrières- pensées idéologiques. En effet, plusieurs mémoires sont actives (nostalgique, juive, harki, immigrée). [13] Le blocage le plus marquant vient de la France officielle ; celle-ci fait appel au droit pour imposer une mémoire contre les autres. [14] L'exemple algérien n'est pas unique : La loi du 29 janvier 2001, portant sur le génocide arménien, consacre le statut de communauté victime aux Arméniens de France et indigne la Turquie. Ou bien l'exemple japonais ;

---

[12] Adi, Yasmina, Daenincks, Didier, « Le film "Hors-la-loi" de Rachid Bouchareb : les guerres de mémoires sont de retour », *Le monde*. fr.

[13] Stora, Benjamin, « Les trois exils, Juifs d'Algérie », Paris, Stock.

Pervillé, G., (2013), « France- Algérie : groupes de pression et histoire (1990-2006) », p. 143-158, in Abécassis, F., Joutard, P., « Histoire et mémoires, conflits et alliance. », Paris, la Découverte.

Abécassis, F., Meynier, G., (dir.), (2008), « Pour une histoire franco-algérienne. En finir avec les pressions officielles et les lobbies de mémoire », Paris, la Découverte.

[14] Coquery-Vidrovitch, Stora et alii, « La mémoire partisane du président », *Libération*, 13 août 2007.

en effet, Chinois et Coréens, notamment, se disent blessés par les commémorations au mémorial des héros nippons de la seconde guerre mondiale. Héros ici au pays du soleil levant, criminels de guerre là-bas en Asie-pacifique. En France, c'est seulement en 1999, que l'Etat désigne les « opérations effectuées en Afrique du Nord » par l'expression « à la guerre d'Algérie (...) » ; cette qualification est foncièrement symbolique et neutre « (...) comme certains arrêtés ministériels reconnaissent un état de catastrophe naturelle. »[15] La loi du 18 octobre 1999 modifie certains articles du code des pensions militaires d'invalidité et du code de la mutualité, sans en changer aucunement l'économie. [16] Toujours en 1999, des associations de rapatriés et de harkis se réunissent et formulent leurs revendications ; en 2002, elles rejettent le projet de loi socialiste instituant le 19 mars, date de commémoration de la fin de la guerre d'Algérie, espérant la victoire à la présidentielle de J. Chirac. Une autre partie des harkis repousse l'emprise du lobby des anciens de l'OAS, de même que de nombreux pieds - noirs optent pour plus de sérénité. En 2005, la loi, (n°158) du 23 février, distingue cette catégorie de la population française. Elle entend « rendre justice aux harkis »

[15] Le Bars, Thierry, (2007), « Histoire officielle et pressions officielles françaises dans les textes : questions de droit », p. 131-142, in Abécassis, Boyer, Falaize, (dir), op.cit. L'officialisation en 1999 du terme « guerre d'Algérie » octroie aux engagés la reconnaissance au même titre que les anciens combattants de 1914-18 et 1940-45.
[16] Le Bars, Thierry, op.cit.

et porter « reconnaissance de la Nation et contribution nationale en faveur des Français rapatriés ».

Le 2e alinéa de l'article 1er stipule « (…) la Nation reconnaît les souffrances éprouvées et les sacrifices endurés par les rapatriés et les supplétifs de l'armée française, les disparus, les victimes des événements liés au processus d'indépendance et leurs familles. La Nation leur rend solennellement hommage. » Pour le quotidien *Libération*, du 30 novembre 2005, « l'UMP colonise l'histoire de France ». Le Bars observe que ce texte est dépourvu de portée juridique, néanmoins le défaut de normativité de l'article premier en fait une disposition inconstitutionnelle. [17] C. Liauzu, dans un entretien au quotidien algérien *El Watan* du 21 avril 2005, identifie les instigateurs d'une législation qui escompte prescrire un récit officiel à l'école : « Le lobby pied-noir veut une revanche. » Y. Scioldo-Zürcher conteste cette expression de « pied-noir » dans la désignation des rapatriés [18] : « Une telle vision de groupe a gagné en influence et en visibilité après l'indépendance de l'Algérie et fut d'autant plus encouragée que certains scientifiques, sociologues et historiens, ont apporté leur caution

---

[17] Le Bars, Thierry, op.cit.

[18] « Rapatriés » désigne également les non originaires de Métropole : Les Algériens de confession juive, les migrants européens naturalisés ainsi que ceux devenus français en vertu du droit du sol car nés en Algérie. Notons que les Algériens de confession musulmane sont régis par le code de l'indigénat et n'ont accès à la citoyenneté que par une naturalisation exceptionnelle, individuelle et très sélective.

scientifique et morale à cette approche partisane en confondant les notions de mémoire et d'histoire. » [19] La controverse est inévitable quand l'histoire se confronte à la demande mémorielle et à la politique. Les historiens définissent la loi de 2005 comme la légitimation d'une seule mémoire, idéologiquement marquée, une reconnaissance confisquée par une génération déterminée. En 2006, la vigueur des protestations a raison de l'alinéa 2 de l'article 4. Le Bars juge que celui-ci va beaucoup plus loin que la loi sur l'esclavage. [20] C. Liauzu remarque, pour sa part, « (...) que c'est le même texte que la loi sur l'esclavage, que ceux sont les mêmes termes. » [21] A propos de cette dernière loi dite Taubira, du nom de la Garde des sceaux de l'époque et ancienne députée de Guyane, des historiens accusent la ministre socialiste de la justice d'occulter la traite arabo- musulmane et de ne pas proposer une vision d'ensemble de la traite et de l'esclavage. Thierry Le Bars leur réplique : Ce texte « (...) s'est contenté de se prononcer sur ce qui préoccupait une partie de nos compatriotes de l'outre-mer. » [22]

Là encore, certains tentent d'instrumentaliser un évènement interne à la société française afin de discréditer les arabo - musulmans , totalement étrangers à ce débat. Cette législation

[19] Scioldo-Zürcher, Y., « Existe-t-il une vision pied-noir des rapports franco-algériens ? », p.171-185 in Abécassis, op.cit
[20] Le Bars, Thierry, op.cit
[21] *El Watan* du 21 avril 2005.
[22] Le Bars, Thierry, op.cit.

est française et elle n'a pas à juger moralement les autres. Ce travail doit être entrepris par les pays concernés eux-mêmes. Cette effervescence, autour de la loi de février 2005, a, évidemment, des échos et des contrecoups en Algérie. A Oran, au cours de sa campagne référendaire, le président Bouteflika fait, le 8 septembre 2005, une déclaration en faveur des harkis alors que le ministre S. Barkat le contredit : « La majorité du peuple algérien est contre la venue des harkis (...), car ce sont des traîtres (...). Quant à leurs enfants, ils seront les bienvenus à condition qu'ils reconnaissent de facto les crimes de leurs parents. » [23]

L'exemple des harkis est problématique entre les deux pays ; la position de la France est ambiguë ; dans une rhétorique anti-FLN, elle affirme ce groupe comme victime de ses « frères » et non de la puissance coloniale ; ceci demeure inavoué et inavouable. Le texte de mars 2003, instaurant la journée d'hommage aux harkis du 25 septembre [24], peut être ressenti par les Algériens comme une énième bravade , une dénégation

---

[23] Beaugé, Florence « Les fils de harkis sont invités à rentrer à Alger mais à s'excuser », le *Monde*, 17 septembre 2005, page 3, cité dans Pervillé, Guy, op.cit.

[24] Péju, P., (2000), « Les harkis à Paris », la Découverte.

Thénault, S., (2004), « Travailler sur la guerre d'indépendance algérienne : bilan d'une expérience historienne », Afrique et histoire, n° 2, op.cit.

Stora, B., (2008), « La guerre d'Algérie : la mémoire par le cinéma », pages 262 – 272, in « Les guerres de mémoires », Paris, la Découverte, 336 pages.

de leur combat, « (...) une mise en cause univoque du nationalisme algérien (...) », bien qu'il ne se prononce pas sur l'histoire elle-même. [25] Il marque la dépréciation de la lutte émancipatrice des Algériens. Cette posture procède de la hiérarchisation du passé et des combats de l'un et l'autre peuple ; la France des valeurs positives et universelles ne peut être assimilée aux criminels de guerre [26], et les indépendantistes algériens à des résistants. Cette écriture officielle de l'histoire prévaut, également, en Algérie ; en 1992, A. Benaoum, directeur du Centre national d'études historiques, déclare que cet organisme « (...) n'a ni hypothèses officielles, ni mission officielle que celle d'écrire et de réécrire une histoire instrumentalisée par le pouvoir politique. » Ce récit, inachevé, se résume, pour une partie de la société, aux dernières années de la colonisation ; la construction et l'exercice de l'emprise coloniale sont ignorés. Encouragée par l'Etat, la lutte de libération fait écran, car source de la légitimité politique ; elle voile les autres périodes du passé d'une semi- obscurité. Les institutions étatiques écrivent cette épopée en sollicitant la mémoire des acteurs de la guerre, en organisant des rencontres scientifiques à dimension mémorielle, en développant des supports de mémoration ou de commémoration (musées et

[25] Stora, B., (3 Novembre 2008), « À propos de l'écriture de l'histoire coloniale », *le Quotidien d'Oran*.
[26] Vidal-Naquet, P., (2001), « Les crimes de l'armée française. Algérie 1954-1962 », la Découverte.

autres lieux de mémoire, colloques, expositions, publications, films, ...). Cette histoire « (...) cède la place à la mémoire et l'historien (...) au témoin (...) mais un témoin qui se fait historien. » Toutefois, à la suite du soulèvement populaire d'octobre 1988, le récit national est déconstruit par la multiplication des mémoires. [27]

## I /2 La production scientifique

L'historien n'est pas exempt de reproches, accusé de bienveillance pour tel ou tel camp, au nom d'une histoire que l'on voudrait manichéenne. D. Rivet, tout en déplorant cette double perception présente dans la société, a, néanmoins, trop tôt minoré la vigueur, la profondeur des passions ; il était convaincu de pouvoir écrire sereinement cette histoire et construire « (...) un rapport débarrassé du complexe d'arrogance ou du réflexe de culpabilité. » [28]

---

[27] Soufi, Fouad, (2006), « En Algérie : l'histoire et sa pratique. Savoirs historiques au Maghreb. Constructions et usages », Oran, CRASC, page 126.
  Siari Tengour, Ouassama, (2006), « Dits et non-dits dans la mémoire de quelques acteurs de la Guerre d'Algérie. Savoirs historiques au Maghreb. Constructions et usages », Oran, CRASC, pages 159-179.
Voir Chaulet Achour, Christiane, (2012), « Ecrits d'Algériennes et guerre d'indépendance. Témoignages et créations », pages 189 - 203 dans « Algérie, 50 ans après », Paris, l'Harmattan, Confluences Méditerranée, n°81, 236 pages.
[28] Rivet, Daniel, (1992), « Le fait colonial et nous : histoire d'un éloignement », Vingtième siècle, n° 33, pages 129-138.

Ces critiques sont présentes, également, au sein de la communauté historienne elle-même. [29] Deux grands groupes mènent cette guerre mémorielle. [30]

---

[29] Les critiques de certains Algériens (F. Soufi, ...) à l'encontre de J. Jordi. En France, les reproches adressés par Liauzu à « l'histoire-procès » (critique qui se veut radicale de la colonisation) et à la « Barnum-history » (la mise en avant des zoos humains en une histoire- spectacle). La critique du film « Les années algériennes » par Harbi, Meynier, Rébérioux, Rey-Goldzeiguer, Vidal-Naquet dans « "Les années algériennes" ou la soft histoire médiatique ? », Naqd, (1992), revue d'études et de critique sociale, pages 91-99 ; les réponses de Stora dans « A propos des Années algériennes, réponses à quelques interrogations », Peuples méditerranéens, n°60, pages 193-200, et « Entre histoire, mémoires et images : Les années algériennes », Vingtième siècle, n° 35, pages 93-96. Egalement la controverse opposant Harbi et Meynier à Pervillé en 2001 ; Pervillé, « Réponse à Harbi et Meynier », Naqd, n°14/15, pages 217-222.

[30] Voir Liauzu, Claude (dir.), (2004) « Colonisation. Droit d'inventaire », Paris, A. Colin.

Stora, B., « A propos de l'écriture de l'histoire coloniale », *le Quotidien d'Oran*, 3 novembre 2008.

Stora, B, (1999), « Le Transfert d'une mémoire. De l'"Algérie française" au racisme anti-arabe ».

Blanchard, Pascal, et Veyrat-Masson, Isabelle, (dir.), (2008), « Les guerres de mémoires, La France et son histoire. Enjeux politiques, controverses historiques, stratégies médiatiques », préfacé par B. Stora, la Découverte, Paris.

Bancel, Nicolas, Blanchard, Pascal, Lemaire, Sandrine, (2013), « La fracture coloniale. La société française au prisme de l'héritage colonial », Paris, la découverte, 758 pages.

Le Cour Grandmaison, Olivier, (2009), « la République impériale : Politique et racisme d'Etat ».

L'Histoire « La Colonisation en procès » numéro spécial, n° 302, octobre 2005.

Les « anticoloniaux » donnent la violence comme essence de la colonisation ; les « indulgents » scindent ce processus en deux, la conquête, une séquence violente, naturellement regrettable, et un temps de transformation, assurément défendable. Cette distinction, en un moment « pacificateur » et un moment de « progrès », est nécessaire pour accréditer cette idée des « bienfaits » de la colonisation ; la controverse se focalise autour du « legs » de cette période. Notons que cet héritage n'est que dans un sens, celui reçu par le colonisé de la part du colonisateur. Dans le domaine scientifique, les productions portant sur cette période prennent leur véritable essor vers la fin des années 1920 et la décennie suivante. Celles-ci marquent l'apogée de l'idée coloniale : Éloge de ce système en le dotant d'une caution scientifique et négation de l'histoire des sociétés dominées (E. F. Gautier, notamment, parle des Siècles obscurs du Maghreb). A quelques exceptions [31], cette histoire [32]

---

[31] Revue d'histoire de la colonisation ; chaire au Collège de France occupée par A. Martineau ; des travaux relativement critiques à l'exemple de ceux de C. A. Julien sur le Maghreb.

[32] G. Hanotaux et A. Martineau, (dir.), (1925) « Histoire des colonies françaises et de l'expansion française dans le monde ». Congrès scientifiques organisés à l'occasion de l'Exposition coloniale internationale de 1931. Livre d'or du Centenaire..., (1930). G. Hardy, (1930), « Maroc, Tunisie », dans Delafosse « L'histoire des colonies françaises d'Afrique occidentale », volume 3. A Paris en 1931, le premier congrès international d'histoire coloniale, animé par Braudel. En 1932, à La Haye, la commission d'histoire coloniale permanente, affiliée au comité des sciences historiques.

demeure en marge des nouveaux courants de la recherche (l'Ecole des Annales). Ces études sont forgées par les acteurs et vecteurs de la colonisation, particulièrement les fonctionnaires (militaires, diplomates, administrateurs) et par des disciplines autres que l'histoire (géographie, ethnologie, sociologie). Sauf exception (Ch. A. Julien), ces productions sont dans le registre hagiographique. [33] Dans les années 1960-1970, la recherche rompt avec cette histoire franco-centrée et discréditée. [34]

---

[33] Bulletin de la société de géographie et d'archéologie d'Oranie. Mercier, E., (1929), « Etude sur la crise de la main-d'œuvre en Algérie ». Lehuraux, L., (1931), « Le nomadisme et la colonisation dans les hauts- plateaux de l'Algérie ». Tinthoin, (1937) « Paysages géographiques de l'Oranie ». Lespes, R., (1938), « Oran, étude de géographie et d'histoire urbaine ». Ricard, P., (1940), « L'artisanat indigène en Oranie ». P. Vidal de la Blache et L. Gallois, (dir.), « Géographie universelle ». G. Grandidier, (dir.), (1934), « Grand Atlas des colonies françaises ». De Martonne, (1935) « Le traité de cartographie coloniale ». Conférence du bureau d'études géologiques et minières coloniales, (1932), « La géologie et les mines de la France d'outre-mer ».

[34] Lacoste, Y., Nouschi, A., Prenant, A., (1960), « L'Algérie - Passé et présent » ; Merad, A., (1967), « Le réformisme musulman en Algérie de 1925 à 1940, essai d'histoire religieuse et sociale » ; Kaddache, M., (1967), « La question nationale et le parti communiste entre 1919 et 1939 », Revue d'histoire de la civilisation du Maghreb ; Gallissot, R., (1969), « Syndicalisme ouvrier et question nationale en Algérie : les positions de la CGTU dans les années 1930-1935 », le Mouvement Social. Des études également sur les courants politiques et notamment le fascisme, Planche, J. L., Benyelles, A.-M, (droit). Participent, aussi, à cette recherche des sociologues : Berque (1960 et 1962), Rodinson (1966), Bourdieu (1961 et 1964).

La diversification et la pluridisciplinarité investissent le champ historique, sans s'affranchir, cependant, du découpage classique européocentriste (périodes ancienne, médiévale, moderne et contemporaine). La perspective des « aires culturelles » [35] , la réécriture de l'histoire par les sociétés nouvellement indépendantes, l'intérêt donné à leur devenir ont inséré la période coloniale dans la longue durée, ère éphémère au regard de l'histoire de la puissance dominante et des peuples soumis. Cette évolution est possible grâce à la multiplication des études entreprises par les étudiants issus du tiers-monde et à l'arrivée d'un nouveau courant né des universités américaines, les « subaltern studies », contestant l'hégémonie occidentale sur le monde. Les chercheurs américains, dont Edward Saïd est la figure de proue, issus essentiellement de la communauté noire, remettent en cause l'universalisme de la raison et des valeurs dites européennes. En France, l'intérêt se porte sur l'implication de la République dans l'aventure coloniale. [36] Cet « intervalle »

---

[35] L'exemple du « Gremamo » (Paris 7). Iremam (Aix). L'aire arabe : Berque, Lacoste, Nouschi et Prenant (1960), Rodinson (1966), Gallissot (1978), Oved (1984).
[36] Branche, Raphaëlle, (2001), « La torture et l'armée pendant la guerre d'Algérie, 1954-1962 », Gallimard.
Thénault, Sylvie, (2001), « Une drôle de justice. Les magistrats dans la guerre d'Algérie », la Découverte.
Manceron, Gilles, (2003), « Marianne et ses colonies », la Découverte.
Bancel, Nicolas, Blanchard, Pascal, Vergès, Françoise, (2003), « la République coloniale », Paris, Albin Michel.

est-il rupture ou parenthèse ? [37]   L'émergence d'études sociales [38] portant sur l'apparition du prolétariat, l'analyse du mouvement ouvrier, du syndicalisme, des mouvements sociaux, mais, également, les travaux sur la France en tant que métropole impériale et agent de l'expansion européenne, ainsi que la recherche traitant des interactions entre colonisation, impérialisme et capitalisme [39] dans le cadre d'une réflexion

---

[37] Piault, H. (éd.), (1987), « La colonisation, rupture ou parenthèse ? » Paris l'Harmattan.
Bertrand, Romain, (2006) : « Les sciences sociales et le « moment colonial » : de la problématique de la domination coloniale à celle de l'hégémonie impériale. » Questions de Recherche n° 18.
[38] R. Montagne (Ed), (1951), « La naissance du prolétariat marocain » ; Couland (1969) ; Taleb (1976) ; Liauzu (1977) ; Benallègue (1981) ; Ayache (1982) ; Stora et Bessis (Dictionnaire biographique du monde ouvrier dirigé par R. Maîtron) ; Abid, Soufi, Touati, Carlier, Bouayed ; CDSH (Oran) ; Institut arabe du travail (Alger). En France comme en Algérie (CRASC), un grand intérêt est porté à ces pistes culturelles (Y. Turin), anthropologique (Valensi), sociologique (Liauzu, Meynier, Gallissot), ou sous une forme critique (Lucas et Vatin,1975).
[39] Bouvier, J., Girault, R., Thobie, J., (1986), « L'impérialisme à la française 1914-1960 », Paris.
Ainsi que les thématiques du sous-développement : Lacoste, Y., (1968), « Géographie du sous-développement » ; Henni, A., « Colonisation agricole et sous-développement en Algérie, 1830-1954 », Paris ; Benachenhou, A., (1976), « Formation du sous-développement en Algérie (1830-1962) », Alger. Les thématiques des modes de production et du tiers-monde : Liauzu, C., (1986), « Aux origines des tiers-mondismes. Colonisés et anticolonialisme en France entre 1919 et 1939 ». La thématique de la dépendance : Frank, Amin, Wallerstein. Coquery - Vidrovitch, (1987), « Les débats actuels en histoire de la colonisation », Revue Tiers -Monde, pages 777-780.

marxiste ou marxisante renouvellent le questionnement sur cet « instant ». Les thèmes se font plus larges : Représentation et imaginaires coloniaux, étude des colons en les inscrivant dans leurs rapports avec les Indigènes, politiques coloniales avec le contrôle des coloniaux par la violence mais aussi par l'éducation et collaboration des élites indigènes. [40] Quoiqu'on dise, le Maghreb et particulièrement l'Algérie ont inspiré d'innombrables travaux et de nombreuses thèses qui ont donné naissance à une véritable « école maghrébine et algérienne ». [41]

---

[40] Gallissot, « le patronat européen au Maroc (1931-1942) » ; Pervillé « Le sentiment national des étudiants algériens de culture française de 1912 à 1962 » ; Léon, A., « Colonisation, enseignement et éducation : étude historique et comparative (1830 à 1962)» ; Benali, A., « Le cinéma colonial au Maghreb : l'imaginaire en trompe-l'œil » ; Colonna, F., «Instituteurs algériens » ; Saïdani, Z., « La représentation des Algériens musulmans devant l'opinion publique française (1881-1930 )» ; Goutalier, R., (dir), « Mémoires de la colonisation : relations colonisateurs-colonisés » ; Taraud, C., « Prostitution et colonisation, Algérie, Maroc, Tunisie, (1830-1960) ».
[41] Nouschi, (1962) ; Gallissot, (1964) ; Guillen, (1967) ; Ageron, (1968) ; Rey-Goldzeiguer, A., (1974) ; Valensi L., (1978) ; Liauzu, C., (1977) ; les dernières ont été publiées dans les années 1980 (Planche, 1980 ; Oved, 1984 ; Ayache, 1986 ; Lacroix-Riz, 1988) ; aussi les travaux de Stora, Korso, Benallègue, Abid, Carlier, Touati, Begaud, C., Bentabet, F.

# II / Binationalité -immigration-intégration, un débat biaisé

Dans le débat à propos de la binationalité ou de l'ascendance immigrée, imposé à la société par une partie du personnel politique et des médias, le temps est fondamental. Il justifie la légitimité d'une exclusion partielle d'un groupe de citoyens dont l'origine étrangère est jugée encore palpable, une intégration estimée inachevée. Ces compatriotes en devenir ne peuvent prétendre, immédiatement, à l'égalité totale, à tous les bienfaits ; ils doivent tempérer leurs revendications ; il leur faut patienter, peut-être des générations, des siècles. Ces multiples controverses ont- elles pour objectif de détourner l'attention des citoyens des véritables périls ? La surenchère voile-t-elle la vacuité, la pusillanimité de la vie politique ? Pourquoi certains s'engouffrent-ils dans des polémiques aussi stériles qu'inutiles ? Récurrent, le sujet accapare, dans le cadre de la question sécuritaire liée aux attentats perpétrés à Paris, toute l'actualité de l'automne -hiver 2015-2016.

## II /1 Une citoyenneté contestée

En Europe, la double allégeance est reconnue par les traités et elle est pratiquée ; les ressortissants de l'Union européenne et des Etats liés par accord à l'espace économique européen (Islande, Liechtenstein, Norvège, Suisse, Monaco, Andorre) ont accès à la fonction publique française depuis 1983.

Par conséquent, cette question fait l'objet d'un conscensus au plan supranational mais pas nationale. En 1992, au commencement de la « décennie noire » en Algérie, Alain Juppé, ministre des affaires étrangères de l'époque, appelait les Français mono nationaux, et uniquement eux, à quitter le pays. Ils étaient pleinement des citoyens, ils pouvaient vivre en Algérie et être rapatriés. L'État assurait leur protection, leur fournissait une assistance, les reconnaissait comme ses enfants. Qu'allaient-ils devenir des binationaux mais, également, des couples mixtes ? Ces derniers doivent-ils se résigner à la séparation, au déchirement, ou demeurer ensemble dans la géhenne, abandonnés à une violence quotidienne et dévastatrice ? La binationalité signifie-t-elle une loyauté imparfaite ? Pourtant, la loi n'exige pas qu'un étranger naturalisé français renonce à sa première nationalité ou qu'un Français ayant acquis une autre nationalité renonce à sa citoyenneté d'origine. Les doubles- nationaux représentent, en France métropolitaine, 5 % de la population âgée de 18 à 50 ans, dont 90 % sont d'anciens migrants et leurs descendants. Près de la moitié des immigrés ayant acquis la citoyenneté française conservent leur nationalité d'origine. Les binationaux [42] sont peu nombreux chez les originaires d'Asie du Sud- Est (moins de 10 %), d'Italie ou d'Espagne contrairement à ceux originaires du Portugal (43%), des autres pays de l'UE 27, de Turquie (55 %),

---

[42] https://www.ined.fr/fr/tout-savoir-population/memos-demo/focus/double-nationalite-identite-nationale/

du Maghreb. Dans certains cas, cette nationalité est bien commode car elle affranchit du visa. En mars 2015, dans le gouvernement de M. Valls, nous avons des ministres franco-canadien, franco-allemand, franco-marocains. Naturalisée Française, la maire de Paris, Anne Hidalgo, a gardé sa nationalité espagnole. La double allégeance n'est pas, uniquement, le fait des étrangers mais également de Français, moins nombreux, ayant opté pour une seconde citoyenneté. Le député UDI des Français de l'étranger (huit pays méditerranéens) depuis 2013 et ancien vice-président du CRIF, Meyer Habib, a exercé une activité politique en Israël et a acquis la nationalité de ce pays. Cette situation n'est pas une singularité de ce parlementaire. De parents géorgiens arrivés en France dans les années 1920, Salomé Zourabichvili, née à Paris, commence sa carrière, en 1974, au sein des services du ministère des affaires étrangères. Puis, elle dirige le bureau des affaires internationales et stratégiques au sein du secrétariat général de la défense nationale pour le premier ministre jusqu'en décembre 2001 ; elle collabore, également, avec le bureau des affaires stratégiques pour l'OTAN. En novembre 2003, elle est nommée au poste d'ambassadeur extraordinaire et plénipotentiaire de France en Géorgie. Puis le 18 mars 2004, désignée par le président Mikheil Saakachvili, elle est la première femme ministre des affaires étrangères de ce pays. Le lendemain, 19 mars, Paris promulgue le décret portant cessation de fonctions de l'ambassadrice. Le

20 mars, Salomé Zourabichvili acquiert la nationalité de son pays d'origine et est autorisée à conserver sa citoyenneté française par une loi ad hoc voté par le parlement géorgien. Elle demeure à ce poste jusqu'au 20 octobre 2005. A la suite de son limogeage, elle dirige, de l'été 2006 à novembre 2010, « La Voie de la Géorgie », parti politique qu'elle a fondé. Peu après, elle est nommée coordinatrice du groupe d'experts qui assiste le comité des sanctions contre l'Iran du Conseil de sécurité de l'ONU. En définitive, les politiciens qui dénoncent, régulièrement, cette binationalité, opèrent une ségrégation au sein même des populations binationales. Car qui visent-ils ? Assurément pas les Européens, les Américains, les Australiens, les Canadiens ! Ils stigmatisent leurs compatriotes d'origine maghrébine ainsi que ceux d'Afrique sub-saharienne. Ils savent que la législation ne peut être modifiée mais usent de cet argument dans l'unique objectif de désignation du bouc émissaire « basané, noir, musulman ». La citoyenneté n'est plus la mesure. Pourtant, l'Institut national d'études démographiques (INED) « observe peu d'impact de la double nationalité sur le sentiment d'être Français. Autrement dit, avoir une double nationalité est une marque d'attachement à ses origines, mais cela n'est pas contradictoire avec une forte identité nationale française. En effet, généralement cette inclination a un caractère familial que national ; la plupart n'exercent pas les droits liés à la citoyenneté d'origine. Il importe aujourd'hui de reconnaître et de respecter le pluralisme des identités , plutôt que de les concevoir comme

des allégeances exclusives. » [43] Cette controverse portant sur la binationalité n'est qu'une digression ; elle est, à l'instar d'autres sujets, l'une des sous-catégories de la question plus vaste et irrésistible qu'est l'intégration ; la binationalité est instrumentalisée afin de souligner l'échec du processus d'intégration. La polémique, un rituel en France, est suscitée par les adversaires de la présence ici des originaires des anciennes colonies. On agite la menace, on ressasse. On veut nous démontrer que cette intégration est impossible, illusoire du fait de l'ethnie (berbéro- arabe) et la religion (Islam) ; on nous affirme, sans ambages, qu'elles sont incompatibles avec les « valeurs » de la France ; que ces communautés sont rétives à la « modernité », entendez à l'Occident ! Mais est-ce là la véritable raison ? L'« impossible » intégration ne signifie-t-elle pas, en vérité, l'indésirable intégration ? Doit-on qualifier ces gens d'« intrus » ? Cette représentation, sans doute inconsciente, est dans les esprits. Comme de coutume, ce postulat prend corps durant l'ère coloniale. La Métropole invente la perspective d'assimilation afin de détourner les peuples soumis de la lutte contre l'occupation et de les « pacifier » ; mais cette « promesse » est un leurre. A cette époque, en Algérie et ailleurs, la population ne désire certainement pas être française mais bouter le colonisateur hors de chez elle. Dans la réalité, elle est soumise à un système ségrégationniste. En fait, la véritable interrogation n'est pas celle de l'intégration mais celle

---

[43] Idem

de l'égalité, du respect, de la dignité. Les détracteurs du « vivre ensemble » exhument tous propos favorisant leur projet. Ils trouvent dans ceux de Charles de Gaulle, tenus en 1959, les justifications à leur frayeur : « Nous sommes quand même avant tout un peuple européen de race blanche, de culture grecque et latine, et de religion chrétienne. (...). Essayez d'intégrer de l'huile et du vinaigre. Agitez la bouteille. Au bout d'un moment, ils se sépareront de nouveau. Les Arabes sont les Arabes, les Français sont les Français. Vous croyez que le corps français peut absorber dix millions de Musulmans, qui demain seront peut-être vingt millions et après-demain quarante ? Si nous faisons l'intégration, si tous les Arabes et Berbères d'Algérie étaient considérés comme Français, comment les empêcherait-on de venir s'installer en métropole, alors que le niveau de vie y est tellement plus élevé ? Mon village ne s'appellerait plus Colombey-les-Deux-Eglises, mais Colombey-les-Deux-Mosquées ! » [44]   Afin de poser la différence irréconciliable entre Algériens et Français, C. de Gaulle définit la France par des caractéristiques (blanc, gréco- latin, chrétien) qui ne sont propres ni à la France ni à l'Europe. Dans cet extrait, de Gaulle néglige, par ailleurs, la composante judaïque. Ces propos confisquent, à l'avantage de la France, une partie du passé de ceux-là mêmes que l'on considère comme éloignés , étrangers aux fondements de la civilisation et

---

[44] Cité par Stora, B., (1999), Le transfert d'une mémoire, Ed. la découverte.

de la pensée européennes. En effet, la « race blanche », la culture gréco-latine, la chrétienté sont le patrimoine de tous les pays méditerranéens, y compris ceux de la rive sud. Rappelons rapidement que nombre d'empereurs romains sont arabes (Philippe, ...) et maghrébins (dynastie des Sévères), que le Père de l'Eglise, Saint Augustin, ainsi que sa mère, Sainte Monique, sont « Algériens », que Tertullien, le rédacteur de la première Bible latine, est « tunisien » ! Les premiers moines apparaissent en Egypte. Sans omettre les centaines de martyrs, saints, saintes et évangélisateurs de l'Europe venus du Maghreb ! Que serait-il le christianisme « occidental » sans l'Afrique du Nord ? Et puis, le christianisme nait et se développe au Proche-Orient ! Dans cette région, au temps de Mahomet, les habitants sont païens, juifs, chrétiens puis musulmans. Rappelons, également, que le génie arabe a posé son empreinte sur l'héritage grec avant de le transmettre à l'Europe qui s'éveille (Renaissance). Que seraient Ibn Rochd (Averroès) sans Aristote et saint Thomas d'Aquin sans Ibn Rochd ? Etre Arabe n'est pas synonyme de musulman ! Ce discours diffuse le rejet et la dévalorisation de l'autre : l'infériorité atavique de l'« indigène », la hantise de l'irruption d'une horde allogène, arriérée, misérable, inculte, à la natalité rapide et menaçante. On redoute, on craint une submersion, un déluge, le naufrage de la France. Toujours en 1959, le bulletin des prisons nous dresse un portrait de ce « compatriote » ; cette représentation dépeint le dédain, l'exclusion, le dénuement et une supposé violence pathologique : « La majorité des Français ignore pratiquement tout de ces citoyens d'outre- Méditerranée. Ils ne savent d'eux que ce qui apparaît : leur teint basané, leur maigreur, leur tenue souvent plus que modeste, leurs habitudes de se grouper entre eux dans des quartiers bien délimités et de se nourrir selon que le révèlent les menus des restaurants dits « arabes » ; ils savent aussi les bruits qui courent : ce sont des hommes qui jouent facilement du couteau, qui sont subitement pris de folie meurtrière, qui importunent les femmes, (...). » [45] Le commissaire principal aux délégations judiciaires de la préfecture de police de Paris écrit en 1959 : « Elle (la criminalité) était grande, certes à cette époque ; la presse cependant avait tendance à la majorer et l'opinion lui emboîtait le pas, voyant en tout musulman, en tout "Arabe" un malfaiteur en puissance. » [46]

Le titre de cet article, paru dans la revue d'Interpol, est éloquent : « La criminalité des Nord- Africains en France est-elle une criminalité par défaut d'adaptation ? » Cela sous-entend une déficience, une intolérance à l'intégration dont le crime en est le révélateur. Constituée essentiellement de petits délits, la délinquance de la période à laquelle le fonctionnaire fait référence est celle de 1946 à 1952 ; dans la région parisienne,

---

[45] Bulletin de la société générale des prisons et de législation criminelle, (1959), page 550.

[46] Page 131 dans Revue internationale de criminologie et de police technique, (1959), « La criminalité des Nord- Africains en France est-elle une criminalité par défaut d'adaptation ? », Revue d'Interpol, Genève, n°2, avril - mai, pages 129-142.

le taux des inculpés n'est que de 6,5% à 10%.[47] Toutes les démonstrations, y compris mensongères, sont permises dans le travail de discrédit. Dans le système judiciaire, le message est identique. Le bulletin de la société générale des prisons ne souscrit ni à l'intégration, ni à l'assimilation, jugées irrémédiablement impossibles : « Si l'on conçoit leur intégration comme une participation totale à la vie métropolitaine, dans ses expressions structurelles et mentales, il faut reconnaître loyalement que les migrants algériens ne peuvent la réaliser. » [48]

La revue opte pour un statut semi colonial ; elle décrit une main-d'œuvre bon marché intégrée au monde du travail à la faveur d'une succession de « petites » intégrations, qui se résument, essentiellement, en termes d'égalité des droits liés au champ économique : « Si l'on conçoit l'intégration des migrants algériens comme une suite d'intégrations à des groupements métropolitains de nature diverse, on constate qu'en fait elle est réalisée juridiquement en ce qui concerne l'Etat républicain dont ils sont citoyens, en ce qui concerne les entreprises au sein desquelles ils travaillent et qui leur garantissent les mêmes avantages qu'aux autres travailleurs, en ce qui concerne les groupements syndicaux qui leur sont ouverts sans restriction (...). » [49]

---

[47] Idem
[48] Bulletin de la société générale des prisons et de législation criminelle, (1959), page 552.
[49] Idem.

Cette publication ne souffle mot des conditions de travail et de vie de ces travailleurs ; le jour, ils sont manœuvres dans l'industrie et le BTP, exécutant les tâches les plus ingrates, les plus dangereuses et toujours les plus mal rémunérées ; le soir, ils rejoignent, fourbus, taudis et bidonvilles. En remarquant que cette population est française, J. M. Sédès, lors d'une conférence aux assistantes sociales de l'administration pénitentiaire, le 14 février 1958, énonce la « fatalité de l'afflux irrésistible » des migrants comme conséquence de la fin de la législation discriminante : « A cette poussée impérieuse aucun frein ne peut être mis par la France, qui ne peut davantage l'organiser par une réglementation forcément ségrégative, car de par la législation en vigueur, et sur laquelle il n'est pas de retour possible, les Algériens sont citoyens français de plein exercice et jouissent de tous les droits reconnus aux citoyens français par les textes constitutionnels, notamment celui de la libre circulation à l'intérieur des territoires de la République ! » [50] La condition de ces Français de seconde catégorie, que l'on continue de désigner comme migrants algériens, nord-africains, ou musulmans, oscille entre ségrégation et peur de la part de la société d'accueil. La présence de ces gens, à la citoyenneté précaire, fluctuante, n'est pas un choix délibéré de leur part, mais le produit du capitalisme français. Ce que dénonce l'INED

---

[50] Page 548 dans Sédès, J. M., (1958), « L'intégration des migrants algériens au milieu d'accueil », Revue pénitentiaire, pages 540-555.

à propos du « pluralisme des identités » est contenu dans cette injonction lancée aux nouvelles générations, la face corrompue, crapuleuse de la société : « *La France, tu l'aimes ou tu la quittes !* »

## II /2 Jeunesse et révolte

En octobre et novembre 2005, les jeunes des quartiers populaires se révoltent [51] ; ce mouvement est, aussitôt, affublé des nippes confessionnelle et ethnique ; on parle de « jeunes arabes », « jeunes musulmans », « jeunes issus de l'immigration », en l'occurrence des étrangers, et point de « jeunes français ». Cet artifice est intentionnel ; des grands médias, des hommes politiques, des intellectuels s'empressent d'embrigader les esprits afin de décrédibiliser ce mouvement, empêcher toute solidarité du reste de la population et notamment des autres jeunes. Il s'agit d'installer des réflexes de répulsion. Ces protestataires sont demeurés bien seuls. Le clivage de la société est une tâche entreprise par trois entités apparemment antagonistes, chacune avec ses calculs propres : l'extrême- droite et ses relais, le gouvernement de l'époque ainsi que les salafistes. L'appel à des « personnalités musulmanes » par les pouvoirs publics participe à cette vision et concourt à la dépréciation de la contestation en l'éloignant, la sectionnant, la déclarant « allogène » à la société française.

---

[51] Voir Le Goaziou, V., Mucchielli, L., (2013), « Quand les banlieues brûlent... Retour sur les émeutes de novembre 2005 », Paris, la Découverte, 176 pages.

Ce cas de figure d'émeutes violentes, avec des morts et des blessés, à connotation ethnique est présent ailleurs, comme aux Etats-Unis, en Grande Bretagne, mais assurément pas en France. M. Dekeyser écrit en 2008 : « Les affrontements se sont déroulés entre une partie de la population française et des éléments qui symbolisaient l'institution républicaine plutôt qu'entre des groupes ethniques différents, nécessitant l'interposition de la police. » [52] Cette révolte est sociale, celle des classes populaires, des démunis, des chômeurs ; toutefois, les revendications d'ordre économique bien que importantes ne sont pas l'essentiel. L'exigence de dignité est la doléance fondamentale. En effet, le malaise social est aggravé par le mépris lié aux origines de cette population. Qu'ont-ils d'arabe ou d'africain ces jeunes ? Un patronyme, un prénom, une « couleur » ! Etre français se définit-il par la filiation ethnique et religieuse ? Etre Français n'est pas adhérer à la « profession de foi » de la République : Liberté, Egalité, Fraternité ! Ou bien est-ce devenu un « club privé » ? L'année 2005 a dévoilé deux jeunesses éloignées l'une de l'autre ; elle a montré une population segmentée, chacune cloisonnée dans son monde ; l'une est parquée, l'autre est libre de ses mouvements. Celle-ci est « pacifique, instruite, honnête, entreprenante, créatrice », d'autres diront docile, conformiste, individualiste. A l'opposé de

---

[52] Dekeyser, Martin (2008), « Les émeutes de 2005 : une révolte ambivalente », EHESS-CESPRA, Résolument jeunes, n°23, juin- août 2008.

cette face lumineuse, l'autre jeunesse est déscolarisée, ignorante, mafieuse, violente, destructrice, haineuse, l'ennemie intérieure. Cet argument réducteur et dégradant de « délinquants » est repris par le sociologue, directeur de recherche au CNRS, Gérard Mauger : « De façon générale, l'habitus agonistique caractéristique du "monde des bandes" porte à percevoir la police comme une bande rivale : son "intrusion" dans le territoire de la cité s'inscrit dans le registre des *casus belli* entre bandes rivales. De plus, en se situant dans le registre martial du défi viril, le ministre de l'Intérieur (N. Sarkozy) s'attirait les répliques convenues chez ceux qui l'adoptent. » [53] Les émeutes sociales ne sont plus qu'une « guerre » entre ennemis intimes, une rixe entre un ramassis de crapules et un ministre de l'intérieur, chef de bande ; une bataille entre des meutes de bêtes féroces se disputant un territoire. La révolte de 2005 est spontanée, confuse, sans projet ; elle n'est pas préméditée, organisée, encadrée, structurée ; elle est une « jacquerie » sans lendemain, un feu de paille, et non pas un mouvement révolutionnaire coordonné. Elle exprime le désarroi et non une conscience sociale et politique. L'autre enseignement est la défection non seulement des jeunes, et des grandes organisations de la société civile, notamment les associations citoyennes, mais également des

---

[53] « Les raisons et les causes de l'émeute de novembre 2005 », 13/11/2013, huffingtonpost.fr/.../ les-raisons-et-les-causes-de-lemeute-de-novembre...

centrales syndicales et des partis politiques, bien entendu de gauche. Ceux-ci ont depuis longtemps abdiqué, car ils ne comprennent pas, reconnaissent pas cette partie de la jeunesse. Dans un tel environnement de renonciation, la présence de l'Etat et de l'ensemble de la collectivité nationale se confondent avec l'uniforme policier, symbole par excellence, d'une société répressive. Les pouvoirs publics maintiennent un cordon « sanitaire », une barrière de sécurité. L'Etat, relayé par les médias, présente cette image offensante au reste de la France. Est-ce la solution pour enrayer les amalgames, endiguer les discriminations, un chômage et une pauvreté endémiques ? Population parquée dans des constructions « jetables », à la date de péremption constamment prorogée, des favelas sans Copacabana ni Ipanema. Que veut-on ? Que ces jeunes se vêtent de haillons, se résignent à la mendicité ? Peut-être, rêve-t-on, secrètement, à leur éloignement. Certains sont déjà partis et partiront mais à Londres, New York, Montréal, Dubaï, Pékin... Le 23 novembre 2005, le rapport de la direction centrale des renseignements généraux (DCRG), publié par le journal *le Parisien*, du 8 décembre, nous livre quelques indices : « Les jeunes des quartiers sensibles se sentent pénalisés par leur pauvreté, la couleur de leur peau et leurs noms. Ceux qui ont saccagé les cités avaient en commun l'absence de perspectives et d'investissement par le travail dans la société française ». Le rapport reconnaît le caractère déstructurant de cette inactivité mais non pas les causes avancées par les jeunes.

Remarquons le verbe « se sentent », cela sous-entend que la précarité et les préjugés ne sont pas les fondements de cette marginalisation mais sont un simple ressenti, une impression, une sensation, et non la réalité. Les jeunes d'origine maghrébine et africaine, issus de ces territoires, sont les plus affectés, selon l'enquête de l'Observatoire des discriminations de l'université Paris 1 en 2005. [54] Le rapport de l'Observatoire des zones urbaines sensibles (ZUS), du 30 novembre 2005, quant à lui, note la persistance du malaise social. Les quatre millions d'habitants des 751 quartiers (classés ZUS) vivent dans une grande pauvreté ; comparés à la moyenne nationale, le revenu fiscal est inférieur de 40 %, la couverture médicale de ces territoires est deux fois moins dense, la délinquance est supérieure de 50 %, les taux de chômage et d'échec scolaire sont deux fois plus élevés. [55] Dans le domaine éducatif, les pouvoirs publics et les associations ont conscience de la banqueroute dans les quartiers populaires, cependant l'échec est à attribuer à la société dans son ensemble et non seulement à l'institution scolaire. Les jeunes n'éprouvent nulle motivation car le diplôme ne leur offre aucune perspective ou si peu. Les chômeurs diplômés du quartier en témoignent. Tant que l'on n'a pas abattu ce carcan territorial, économique, social, culturel, psychologique , les enfants bouderont , contesteront l'école , car

---

[54] cergors.univ-paris1.fr/ observatoiredesdiscriminations 2005
[55] www.ladocumentationfrancaise.fr/var/storage/rapports-publics/054000698/0000.pdf 30/11/2005

coupée de leur réalité ; elle est un corps stérile, d'un autre monde, qui promet un avenir, prend des engagements que la société ne tient pas. Dans le milieu des années 1970, à la suite de l'incendie du collège Pailleron, à Paris, provoqué par deux élèves (« mono-nationaux »), le mot- d'ordre était « la seule critique de l'Ecole est celle de l'allumette ». On s'est enflammé autour de cet acte stupide et criminel, provoqué par l'imbécilité et le mal-être inhérents à cette période de la vie ; on a devisé autour de l'adolescence et de ses tourments. Le traitement est tout autre si le jeune homme est « Africain » ou « Maghrébin ». De nos jours, la segmentation de la jeunesse doit être appréhendée dans son ensemble ; en effet, il faut, également, se soucier de l'institution scolaire en dehors des quartiers populaires ; la méconnaissance de l'autre, érigée en principe confidentiel, et l'indifférence n'ont pas disparu. Il est indispensable d'éduquer les jeunes des « territoires demeurés dans la République » à l'antiracisme, à la tolérance, à l'ouverture d'esprit et aux ravages des discriminations ! Pourquoi n'inculque-t-on pas à ces élèves toute la vérité historique, que l'on démonte les préjugés, de l'orientalisme à l'extrême-droite actuelle et pas uniquement ? Pourquoi ne leur parle-t-on pas de l'autre, de sa civilisation, de sa culture d'origine ? L'hégémonie culturelle est si prégnante. Nombre de ces élèves « loyalistes », parfois des enseignants, reproduisent, également, les poncifs présents dans la société. Ils perçoivent, connaissent ce compatriote au prisme de la dévalorisation et votent Front national dès l'âge de 18 ans. La société se rigidifie, ankylosée par deux siècles de destruction, de piétinement de l'image de l'autre. Les conséquences de cette construction idéologique peuvent être, parfois, déroutantes. L'apartheid est d'abord dans les esprits. La révolte de l'année 2005 traduit pour les « propriétaires légitimes » de cette terre, non pas une détresse mais de l'ingratitude de la part de cette population. Nous revenons au sempiternel rapport de force, le faible endure, en silence, la domination du puissant. Cette dimension prend, ici, un caractère post- colonial qui n'est pas à dédaigner ; il est illustré par le recours au couvre-feu en novembre 2005 et l'exhumation d'un texte datant de l'époque de la guerre d'Algérie. Celui-ci couvre l'assassinat, le 17 octobre 1961, de centaines d'Algériens, manifestant pacifiquement, à Paris et dans sa proche banlieue, ainsi que la répression, en Nouvelle-Calédonie, des Kanaks de décembre 1984. Entre ces deux évènements, il eut le mouvement du printemps de 1968 ; l'Etat français n'a pas usé de l'arsenal répressif, prévu par la loi n° 55-385 du 3 avril 1955, contre la jeunesse estudiantine française de Mai 1968. Ce texte permet aux préfets d'instaurer un couvre-feu pour enrayer les violences urbaines. L'article 5 leur donne pouvoir « d'interdire la circulation des personnes ou des véhicules dans les lieux et aux heures fixés par arrêté », bien que le terme de couvre-feu ne soit pas employé. Le représentant de l'Etat peut également « instituer des zones de protection ou de sécurité où le séjour des personnes est réglementé et interdire le séjour dans tout ou partie du département à toute personne cherchant à entraver, de quelque manière que ce soit, l'action des pouvoirs publics ». Néanmoins, la prorogation de l'état d'urgence au-delà de douze jours ne peut être autorisée que par la loi. Cette législation n'affecte que les populations coloniales et post- coloniales. En 2015 -2016, l'état d'urgence est appliqué dans un environnement tout autre et touche l'ensemble des citoyens. La désillusion des auteurs des attentats de Paris, des Français d'origine musulmane, s'est mue en ressentiment, en une fuite dans le terrorisme et la mort. D'autres sophistes leur ont promis un nouveau pays, ils y ont trouvé le trépas. Ils sont partis, ou pas, conforter un dessein tyrannique qui n'est pas le leur. L'abandon de ces quartiers en déshérence, est comblée par d'autres. La responsabilité est collective, celle des citoyens, des organisations sociales, politiques, culturelles, des opérateurs économiques, elle n'est pas du seul fait de l'Etat. Alors que l'on habille la révolte française de 2005 des oripeaux ethnique et confessionnel, quelques années plus tard on loue les soulèvements outre-méditerranée censés conduire à la « démocratie » et la « modernité » ; on caricature les jeunes français tandis qu'on célèbre ces jeunes arabes qui se rebellent mais « chez eux ».

## II /3 Le syndrome de la rencontre de football
## « France-Algérie » : Débordements et répression

Quatre années avant les troubles de 2005, la jeunesse siffle la Marseillaise à l'ouverture de la rencontre de football Algérie-France du 6 octobre 2001. Cet évènement revient sans cesse, obsessionnel. Quelques-unes des dernières évocations de ce match, dans les grands médias, datent de l'année 2014. Le 14 novembre, lors d'une émission de promotion du documentaire d'Éric Cantona et Gilles Pérez « Foot et immigration, 100 ans d'histoire commune », diffusé, le 16 novembre par la chaîne de télévision Canal+, l'animatrice focalise son interview d'Éric Cantona sur le match de 2001, éludant, appauvrissant, détournant le propos du film. Quelques mois plus tôt, en été, durant la coupe du monde de football qui se déroule au Brésil, la participation de la France et de l'Algérie ranime, immanquablement, le souvenir de « 2001 » chez les commentateurs de la rencontre, retransmise le 23 juin par la chaîne de télévision TF1, opposant l'Algérie à la Corée du sud. Le vainqueur de ce match, en l'occurrence l'Algérie, affrontera l'Allemagne le 30 juin 2014, lors des 8e de finale ; l'équipe victorieuse de cette dernière rencontre défiera, en quart de finale, celle du match France- Nigeria. Le journaliste de France Inter exprime, également, son agacement et ses craintes : « On en viendrait presque à souhaiter que l'Allemagne et le Nigeria battent l'Algérie et la France (...) de peur de voir (...) un match

France - Algérie qui aboutirait à l'occupation du débat public par ce qui se fait de plus bas de plafond en ce moment : le nationalisme mal placé, le chauvinisme : celui de certains supporters (...) et celui, constitutif, de toute l'extrême droite ... » [56] Incontestablement, cette rencontre de 2001 a marqué profondément les esprits et alimente un débat, déjà perverti. Cette couverture médiatique s'étirant dans le temps, répétitive, rébarbative, confère une exceptionnalité à un incident ordinaire dans le monde footballistique. Est-ce si inhabituel que des supporters, de plus de très jeunes gens, huent l'hymne de l'une des équipes ou investissent le terrain ? Certes non. Les rencontres émaillées d'incidents, plus ou moins graves, se poursuivent les années suivantes. En mai 2002, des Français, en l'occurrence les Bastiais, conspuent la Marseillaise lors de la finale de la coupe de France ; le président Jacques Chirac quitte la tribune officielle. En 2005, à Tel-Aviv, à l'occasion des éliminatoires de la coupe du monde de football de 2006, les Israéliens imitent les Corses. En 2007, l'hymne est sifflé par les supporters italiens. En novembre de la même année, la Marseillaise est huée à l'ouverture de la rencontre amicale avec le Maroc. [57] Le journal satirique *le Canard enchaîné* s'empare de cette actualité dans son article, du 21 novembre 2007, intitulé « Allah les Bleus » : « Les gazettes ont été d'une discrétion de

---

56 France Inter, (30 juin 2014), « le FN et la double nationalité : le débat débile », site internet.

57 *L'Express*.fr, du 15 octobre 2008, dans « Matches de foot : des incidents à répétition »

violette sur ces débordements. Comme si ce racisme était plus délicat à dénoncer - et à sanctionner - que les cris de singe entendus dans certaines tribunes pour saluer les joueurs africains. » Le journaliste ne blâme la presse ni à propos de la différence de traitement entre la rencontre France - Algérie et les autres matchs, ni il s'élève contre la curée anti-algérienne de l'époque ; son objectif n'est pas de pacifier les esprits, de relativiser « l'incident France- Algérie ». En fait, l'hebdomadaire soupçonne ses confrères d'occulter un supposé « racisme anti-français » du public d'origine marocaine, qu'il juxtapose au racisme contre les Noirs ; il stigmatise une prétendue intolérance des « Musulmans » et leur francophobie : « En revanche, on change de registre lorsque les joueurs (...) sont (...) hués selon leur origine et même selon leur préférence religieuse supposée. Les vociférations se faisaient particulièrement vigoureuses lorsqu'un joueur comme Thuram touchait le ballon. Mais ont échappé (...) à la bronca les présumés musulmans comme Benzema, Ben Arfa ou Nasri. Tout comme Ribery ou Anelka, parait-il convertis à l'islam... » A l'opposé des Algériens, désignés en tant que peuple et nation, les Marocains sont identifiés par leur confession et disparaissent dans la masse des « Musulmans ». Dans cette classification, qui rappelle les catégories coloniales, les Algériens, même s'ils ne sont pas nommés, sont inclus. En 2008, les huées ne cessent pas. L'hymne est conspué, cette fois, lors des rencontres France – Serbie, France - Ecosse et à l'ouverture du match, au

Stade de France, contre la Tunisie, rapporte *le Monde*.fr, du 15-16 octobre, dans deux articles : « Marseillaise sifflée : les matches seront arrêtés » et « Des précédents existent ». Un porte-parole de l'UMP déclare dans *la Dépêche*.fr, du 15 octobre 2008 : « En sifflant les Bleus, c'est aussi des jeunes (...) d'origine tunisienne ou algérienne qui sont sifflés. (...). Quand on est adopté par un pays on respecte son hymne national. » Et là encore, même si c'est une réalité, l'identité algérienne, parmi les autres origines ethniques des footballeurs, surgit-elle fortuitement ? La raison sous-jacente de l'« affront » de 2001 est, assurément, l'ascendance des perturbateurs. Des « Algériens » sifflent l'hymne français dans la capitale française en présence du premier ministre français. L'évènement est instrumentalisé ; la polémique enfle. En définitive, ce match de football ne peut être anodin. Les suites politiques sont dans tous les esprits ; le quotidien *la Tribune* titre le 7 octobre 2001 : « L'histoire n'en finit plus de jouer les prolongations ». Des journaux algériens se bercent d'illusions. *El Youm* du 6 octobre 2001 : « Le sport allait réussir là où la politique avait échoué. » Ou *El Moudjahid* du 6 octobre 2001 : « En l'espace de 90 minutes, un match de football peut plus faire pour la compréhension des peuples que ne le feraient des trésors de diplomatie. » Ou bien encore *El Watan* du 5-6 octobre 2001 : « Il y aura plus qu'un match ». *Ech-chourouk* (arabophone) du 6 octobre 2001, est plus explicite : « Rencontre sportive, confrontation politique ». [58] La presse, obnubilée par le contentieux historique entre les deux Etats, néglige ce troisième acteur, qu'est le supporter. Son irruption bouleverse les attentes des uns et des autres. [59] Dans les médias, les « spécialistes » dissèquent l'incident : La manifestation se déroule en deux temps, d'abord le soutien du public à l'équipe algérienne, que certains déplorent, puis le déferlement des jeunes sur le terrain afin de lui éviter l'humiliation de la défaite. Politiciens, journalistes, intellectuels dénoncent un comportement répréhensible, un acte de défiance ; ce soutien du public français à la sélection adverse démontre l'impossible intégration des nouvelles générations. D'autres observateurs, faussement

[58] Baghzouz, Aomar, (2004), « France- Algérie : rejouer le match ? », in Outre- Terre, 3/ 2004, n°8, pages 191-194.

[59] Voir Gastaut, Yvan, (2008), « Préparatifs mouvementés pour le "match de la réconciliation" », pages 129- 138, et « Stupeur et consternation : la faillite de l'intégration », pages 139 − 153 dans « Le métissage par le foot », édit. Autrement, 184 pages.

Gastaut, Yvan, (2008), « Le sport comme révélateur des ambiguïtés du processus d'intégration des populations immigrées. Le cas du match de football France- Algérie », pages 49 − 71, dans Sociétés contemporaines, Presses de Sciences Po, 188 pages.

Daguzan, Jean-François, (2008), « Algérie/France, France/ Algérie, questions de mémoire », pages 5-7 dans Maghreb - Machrek 2008/3, n° 197, Éditeur ESKA, 144 pages.

Amara, M., (2006), « Soccer, Post-Colonial and Post-conflict. Discourses in Algeria : Algérie-France, 6 octobre 2001. Ce n'était pas un simple match de foot », p.217-239 in International Review of Modern Sociology, vol. 32, n° 2.

Zemmouri, M., (2006) « Beur, Blanc, Rouge », film.

bienveillants, soulignent les conséquences de tels débordement : Ces démonstrations amplifient le sentiment anti-immigré et anti- musulman, et confortent la xénophobie de l'électorat de l'extrême droite. La presse algérienne, tout en exprimant une relative sympathie envers cette jeunesse, n'est complaisante ni à l'égard du pouvoir français ni à l'égard des autorités algériennes, mettant en parallèle ce mal de vivre de la jeunesse des deux rives. [60] *El Watan* note, le 5 - 6 octobre 2001, que le cas exemplaire de Zidane, « osmose réussie entre deux communautés entremêlées dans la même tresse historique », n'est pas la règle mais l'exception. Mais, peut-il en être autrement pour ces Français (nés en France) [61] renvoyés constamment à des origines immigrées, étrangères et

---

[60] Baghzouz, op.cit. : *El Moudjahid*, (9 octobre 2001) « enthousiasme bon enfant » ; *Essafir*, hebdomadaire d'obédience islamiste, (15-21 octobre 2001), rend responsable le gouvernement des agissements de ces jeunes qui « ont éclaboussé le prestige » de l'Algérie, montrée « comme un pays exportateur de comportements déshonorants ». Mustapha Berraf, président du comité olympique algérien, appelle à « positiver » et « transcender » l'événement (*El Moudjahid*, 11 octobre 2001). La presse algérienne et le coach R. Madjer demeurent, à l'opposé de leurs homologues français (*le Figaro*, *la Nouvelle République*, 8 octobre 2001), optimistes quant à un match retour à Alger.

[61] Rigouste, Mathieu, (2013), « L'ennemi intérieur : La généalogie coloniale et militaire de l'ordre sécuritaire dans la France contemporaine », Paris, la Découverte, 380 pages.
Amrani, Younes, Beaud, Stéphane, (2013), « Pays de malheur ! Un jeune de cité écrit à un sociologue » suivi de « Des lecteurs nous ont écrit », Paris, La Découverte, 240 pages.
Le Goaziou, V., Mucchielli, L., (2013), op. cit.

coloniales ? Cette inconduite des supporters, somme toute fréquente dans ce sport, a évolué en une incarnation de l'outrage aux symboles, désormais sacrés, de la Nation et de la République. Cette rencontre de football est une aubaine, un fait divers exploité à des fins politiques. Dans le quotidien *le Parisien*, du 1er novembre 2009, le député centre-droit Rudy Salles explique : « J'avais déposé une proposition de loi dès 1999 à la demande des anciens combattants (...). Il a fallu les sifflets du match France- Algérie (...) pour que l'on s'en préoccupe. » La « France officielle » met, donc, à profit cette actualité et réplique rapidement ; quatre mois plus tard, en février 2002, des sénateurs puis, en juillet, des députés déposent deux projets de loi visant à punir d'une amende « les paroles, gestes, écrits ou images de nature à porter volontairement atteinte au respect dû aux symboles de la République que sont le drapeau et l'hymne national ». Le législateur se fait l'écho de la société : « Il n'est plus acceptable d'entendre La Marseillaise outragée et conspuée. Il n'est pas tolérable de voir brûler les drapeaux français. Nos concitoyens sont largement demandeurs de ce que le bien commun de la Nation soit protégé des camouflets et des injures. » En 2003, le parlement approuve l'amendement, à la loi pour la sécurité intérieure du ministre de l'intérieur N. Sarkozy, proposé par le député Rudy Salles ; cet avenant est à l'origine du délit d'outrage au drapeau et à la Marseillaise. Ce processus de sacralisation des symboles de la France se déroule en trois étapes : Le registre symbolique en 1999, celui de la désapprobation d'actes jugés blâmables en 2002, puis de la répression à compter de 2003 (article 133). Cette dernière phase scelle la criminalisation des conduites de l'ensemble des citoyens français : « Le fait, au cours d'une manifestation organisée ou réglementée par les autorités publiques, d'outrager publiquement l'hymne national ou le drapeau tricolore est puni de 7 500 euros d'amende. Lorsqu'il est commis en réunion, cet outrage est puni de six mois d'emprisonnement et de 7 500 euros d'amende ». Le Conseil constitutionnel étend les sanctions aux « manifestations publiques à caractère sportif, récréatif ou culturel », excluant les « œuvres de l'esprit ». [62] Suite à cette loi, des personnalités s'élèvent contre une violation du principe de liberté d'expression. L'historien O. Le Cour Grandmaison exige « (...) l'abrogation du délit d'outrage (...) et revendique haut et fort le droit de siffler la Marseillaise et le drapeau tricolore lorsque ceux qui les utilisent violent les principes de liberté, d'égalité et de fraternité que ces emblèmes sont supposés incarner. » Il poursuit : « Hier, il était juste d'agir ainsi lorsque ce chant et cet étendard devinrent ceux de la tyrannie et de l'exploitation coloniales, des disparitions forcées, des crimes de guerre et des crimes contre l'humanité, à Sétif et Guelma en mai 1945, à Haiphong en 1946, à Madagascar en 1947, en Algérie de nouveau à partir du 1er novembre 1954. » [63] Cette image fantasmée, devenue coutumière, engendre ce besoin, impérieux, de légiférer.

---

[62] Décret d'application n° 2010-835 du 21 juillet 2010.
[63] *Libération* (quotidien français), 3 décembre 2009.

# III / L'Algérie dans les médias français entre football et soulèvements arabes

Dans cette relation tourmentée, le pays d'origine souffre, à la fois, de l'image construite durant l'ère coloniale, de celle de ses ressortissants en métropole, et de leur descendance française. Les rapports qu'entretiennent une partie des médias et l'Algérie demeurent délicats et parfois conflictuels. Le dernier épisode date d'avril 2016, provoqué par la une du quotidien *le Monde* illustrée d'une photographie du président algérien dans le cadre du scandale financier nommé « Panama Papers », bien que le nom de celui-ci n'apparaisse pas dans ces documents. Le journal rétablit la vérité peu après. Quel est l'objectif du *Monde* dans cette entreprise de désinformation, mensongère et diffamatoire à l'endroit du Chef de l'Etat algérien ? Allons-nous, dorénavant, publier la photographie des « proches » de la personne incriminée et non celle du coupable ? Le 10 avril, Manuel Valls est en visite officielle à Alger. Par mesure de rétorsion, le gouvernement algérien refuse d'accréditer les correspondants du *Monde* et d'une émission satirique de Canal+. Aussitôt, des médias se déclarent solidaire des journalistes ; France Culture, France Inter (radios publiques), les quotidiens *Libération, Le Figaro* boycottent le déplacement du premier ministre. Cette presse, prompte à protester, a-t-elle une déontologie variable ? Dans l'affaire de l'ancien ministre du budget J. Cahuzac, un « proche » du président, ces médias ont-ils reproduit la photographie du scélérat ou bien celle de François Hollande ? Nombreux sont les sujets mis à contribution dans cette entreprise de persiflage, la santé du président algérien (spécialité de l'émission satirique de Canal+), le football, les soulèvements arabes, etc.

## III /1 Autour de la coupe du monde de 2014

L'actualité sportive de portée mondiale de l'été 2014 est une bénédiction pour les médias. Au cours des rencontres de l'équipe algérienne, notamment celles l'opposant à la Belgique, la Corée du Sud, ou bien la Russie, les commentateurs, dans de grandes chaînes de télévision telles que TF1, I TELE, BFM TV, versent dans la vexation et la malice ; ils mettent en exergue les lieux de naissance et d'activité professionnelle des joueurs de la sélection algérienne, en l'occurrence la France pour la majorité d'entre eux ; cela est légitime. Toutefois, certains de ces « journalistes », sur le ton de la facétie, avancent, candidement, que la France est représentée par deux équipes dans cette coupe du monde. Inconsciemment, ils font disparaître l'Algérie, (re)devenue la France. Ensuite, ils s'interrogent à propos des motivations de ces joueurs, auxquels on dénie l'appartenance algérienne : Pourquoi ont-ils rejoint l'équipe de ce pays ? La réponse est cinglante : Ils n'ont pas été retenus par le sélectionneur français ! L'Algérie est un second choix, une option par défaut. Certes, il y a un peu de France dans la sélection algérienne, mais il y a eu et il y a, également, un peu d'Algérie dans l'équipe de France (Zidane, …). Mais cela, ces commentateurs le contestent, car ces excellents joueurs sont Français et la France condescendante ne peut devoir quelque chose à l'Algérie. En règle générale, seuls ceux qui rehaussent le prestige du pays sont reconnus comme ses enfants ; les autres, les « malfaisants » demeurent « Algériens ». Ce schéma, nous le retrouvons au lendemain de la rencontre contre la Belgique ; le *HuffPost*.fr, du 23 juin 2014, rapporte que « (…) le match (…) avait (…) été le prétexte à une déferlante d'informations trompeuses, à grand renforts de photos remontant (…) à 2013. Une fois encore, de nombreux internautes ont, comme certains (…) politiques, (…) délibérément manipulé les incidents (…) pour s'en prendre aux (…) immigrés. » Notons ce dernier terme d'« immigrés » alors que la plupart de ces jeunes sont Français et nés en France. Dans ce même article intitulé « Victoire de l'Algérie (…) : comment l'extrême droite (…) a surfé sur les incidents », le journaliste note la réapparition des mêmes procédés après le match contre la Corée du sud. Quelques jours plus tard, à la suite de la rencontre contre la Russie du 26 juin 2014, dans son article « A Marseille, la fête pour la qualification de l'Algérie ternie par des interpellations », *le Monde*.fr, du 27 juin 2014, écrit : « Beaucoup d'amertume se faisait sentir (…), à l'image de ce jeune homme un drapeau algérien en guise de cape : "Si ça avait été la France, il n'y aurait rien eu. C'est des Arabes, alors c'est la guerre" ». Ce « supporter anonyme » reproduit, à son insu , les clichés ordinaires. Le 30 juin , le maire UMP de

Nice promulgue, à la veille de la rencontre Algérie-Allemagne, un arrêté interdisant les drapeaux étrangers dans l'espace public. Mais personne n'est dupe ! Cet arrêté a pour origine les « excès » du 26 juin (Algérie-Russie) et vise l'emblème algérien. La rencontre contre l'Allemagne effraie, également, la presse. *Le Figaro*.fr, du 30 juin 2014, dans un papier ayant pour titre « Et si la France rencontrait l'Algérie : quand le football révèle les fractures françaises », esquisse un tableau alarmiste de la société que les jeunes des quartiers contribuent à assombrir : « Le pays est plus que jamais divisé par les ressentiments : (...) du peuple contre les élites, (...) des jeunes de banlieue qui ont la nationalité française mais se définissent comme « musulmans » et se cherchent une identité de substitution dans l'islam ou dans leur pays d'origine, ressentiment des « petits blancs » humiliés de devoir baisser les yeux devant les brutes (...). » Les « brutes » qui sont-ils ? Cette description sommaire de l'état de la société française reprend et conforte l'image traditionnelle et écornée des originaires d'Algérie. Le discrédit est un leitmotiv. Néanmoins, cet esprit chagrin ne souffle mot des raisons de l'animosité des « musulmans ». Dans un autre registre, au lendemain du match contre la Russie, *le HuffPost*, du 25 juin 2014, convoque la religion et décrit un islam fractionné, des joueurs désorientés : « L'Algérie (...) affrontera (...) une autre épreuve, le respect du jeûne du ramadan (...). Pour se décider, les joueurs (...) qui ont affiché (...) leurs convictions religieuses en exécutant une prière après le but marqué contre la Belgique (voir la photo ci-dessous) ne pourront (...) pas compter sur les conseils (...) des imams divisés sur le sujet. » Le cliché montre quatre joueurs baisant le sol ; le journaliste, ignorant ou retors, en conclut qu'ils prient. Quelle supercherie ! Rappelons-lui que la prière n'est pas une question de génuflexions ; l'Islam impose cinq prières quotidiennes à des instants précis de la journée, précédées des ablutions rituelles de purification du corps. Cette photographie démontre, uniquement, que ces joueurs, en sueur, la tenue maculée de terre, partagent leur joie avec le public ou remercient dieu, à l'exemple d'autres footballeurs qui se signent et glorifient Jésus et/ou Marie. Notons qu'une partie des supporters de l'équipe algérienne, pendant cette coupe du monde, sont des Latino-Américains, et en particulier des Brésiliens, d'origine arabe (syro-libano-palestiniens chrétiens).

## III /2 Algérie et soulèvements arabes : Une image tronquée

Cette perception sciemment pervertie est présente, également, à propos d'évènements indirects mais que l'on voudrait rapprocher. Les grands médias expriment leur frustration quant à l'actualité algérienne en rapport avec celle d'autres pays du Maghreb et du Proche-Orient. Les révoltes arabes donnent une illustration de leurs contradictions ; au nom d'une « parenté » arabe, récusée à d'autres moments quand cela les dessert, on exige de l'Algérie de vivre de telles agitations. On reproche à celle-ci son inclinaison « naturelle » pour la violence et à la fois de ne pas imiter les peuples arabes et succomber à cette violence. La méconnaissance engendre l'incompétence. *Les Echos*.fr, du 19 décembre 2012, dans son article « Pourquoi l'Algérie est restée à l'écart du printemps arabe ? », espère une déflagration : « (...) Car si l'Algérie n'a pas suivi le printemps arabe, rien n'exclut un sursaut brutal. (...). » [64] Le bon sens veut, toutefois, que l'on appréhende cette actualité des soulèvements avec responsabilité, objectivité et non avec désinvolture. Comme l'indique l'expression consacrée, le « monde » arabe ne peut être uniforme ; il est divers par essence ; chaque société possède des spécificités et l'Algérie a, par conséquent, une histoire, une géographie, des ressorts psychologiques qui lui sont propres. Ces facteurs particuliers ont modelé le peuple de ce pays et le distingue de ses frères. La grille de lecture de la situation algérienne n'est pas celle des autres pays arabes. Le mouvement national algérien moderne naît en milieu ouvrier, notamment dans l'émigration ; la gauche française et tout spécialement le Parti communiste et les trotskystes sont ses compagnons de route. En pleine guerre de libération nationale, le président du Gouvernement Provisoire de la République Algérienne (GPRA) est reçu à Pékin par Mao Tsé Toung et son premier ministre Chou En Lai avec les honneurs d'une visite d'Etat. Des milliers de Chinoises et de Chinois, drapeaux algériens et chinois en main, acclament le cortège présidentiel.

---

[64] *Jeune Afrique*, (18 juillet 2011), titre : « Révolutions arabes : l'exception algérienne ».

A l'indépendance, le pouvoir, issu d'un soulèvement populaire armé, opte pour la voie « socialiste », révolutionnaire, internationaliste, tiers-mondiste, non-alignée (solidarité effective avec les mouvements de libération). [65] Ces fondements sont définis dans la Charte de Tripoli, en 1962, la Charte d'Alger, en 1964, puis la Charte nationale et la Constitution, en 1976. Ce tiers-mondisme et le non-alignement sont incarnés par la Tricontinentale. Cette organisation, fondée à Cuba en janvier 1966, regroupe les forces anti-impérialistes d'Afrique, d'Asie et d'Amérique latine, soit quatre-vingt-deux délégations de pays décolonisés, de mouvements de libération afro-asiatiques, de formations de guérila d'Amérique latine, ainsi que les Chinois et les Soviétiques. Parmi ceux qui contribuent à la préparation

---

[65] Voir Cattori, Silvia, (16 avril 2006), « J'ai vécu 24 ans et demi en prison » entretien avec Ahmed Ben Bella, Genève. Le premier président de la république algérienne est fils de paysans pauvres marocains émigrés en Algérie (Oranie).

Balta, Paul (2012/2), « Mes rencontre avec Boumediène », pages 207-212 dans « Algérie, 50 ans après », Paris, l'Harmattan, Confluences Méditerranée (n°81), 236 pages.

Carlier, Omar, (2012/2), « Ben Bella : l'homme, le mythe et l'histoire » (paragraphe « Populisme, socialisme et tiers-mondisme »), pages 41-54 dans « Algérie, 50 ans après », Paris, l'Harmattan, Confluences Méditerranée (n°81), 236 pages.

Simon, Catherine, (2010), « Algérie, les années pieds-rouges. Des rêves de l'indépendance au désenchantement (1962 - 1969) », Paris, la Découverte.

Le Coz, J., (1991), « Socialisme et localité, le deuxième cycle agraire de la Chine et de l'Algérie, deuxième partie : l'Algérie, décennie 1980 : Les étapes de la désocialisation », in Espace Rural, n° 24, université Paul Valéry- C.N.R.S.

de cette rencontre historique : Le président algérien Ben Bella l'opposant historique marocain Ben Barka, ainsi que Ernesto Che Guevara, Allende, Hô Chi Minh, Cabral ou Douglas Bravo... [66] Paradoxale, la Révolution algérienne n'est pas dirigée par un parti unique communiste ou marxiste mais par des nationalistes peu ou prou « marxisants ». Ces derniers n'ont jamais dissimulé leur animosité à l'endroit de toute opposition [67] , quelle que soit son idéologie, et notamment des communistes algériens et les ont réprimés. Méfiante, prudente, l'Algérie entretient des relations avec les deux camps de la guerre froide et le non-alignement est bien commode pour le pouvoir. Pays jaloux de son indépendance récente et chèrement acquise, l'Algérie est un électron libre dans un monde bipolaire et un canal de transmission diplomatique bien utile. Du reste, Che Guevara choisit Alger pour dénoncer la politique d'hégémonie soviétique. Dans ces années, on nomme cette ville « Carrefour de la Révolution ». Elle est un refuge pour tous les insoumis de la terre, qu'ils soient Européens (gauche portugaise, IRA, ETA, etc.), Arabe (Palestine), Africains (ANC, PAIGC, SWAPO, etc.), Américains (Black Panthers, etc.). Le postulat idéologique de l'époque est « le colonialisme est un

---

[66] Voir Faligot, Roger, (2013), « Tricontinentale », Paris, la Découverte,724 pages.
[67] Les opposants et figures historiques du combat national, Hocine Aït Ahmed, fondateur du Front des Forces Socialistes (FFS) et Mohamed Boudiaf, dirigeant du Parti de la Révolution Socialiste (PRS).

produit du capitalisme », par conséquent le régime de l'Algérie ne peut être capitaliste. Par l'« option » socialiste, le parti unique entend appliquer ce principe mais le réduit souvent à une phraséologie pseudo socialiste et révolutionnaire. Dans les années 1960-1980, l'idéologie soviétique, relayée par les communistes algériens, désignent par l'expression « démocrate- révolutionnaire » le régime mis en place par le FLN à cette étape de sa marche vers le socialisme.[68] Bien qu'adoptant certains instruments structurels du système soviétique, le socialisme demeure un « objectif » ; celui-ci n'est, en fait, qu'un leurre. Singulier, le cas algérien est, également, à relier et ce dans une certaine mesure, à celui de la sphère soviétique de l'époque. Octobre 1988, la jeunesse algérienne se révolte, les émeutes sont suivies d'un très court intervalle « démocratique » puis d'une décennie d'extrême violence. Dans cette période, le mur de Berlin et l'ensemble du camp socialiste européen s'effondrent ; la jeunesse se rebelle en Chine, la Yougoslavie se disloque dans la violence. Les années 1990 sont déstabilisantes pour nombre de pays, anciennement socialistes : La guerre du Haut-Karabagh opposant les républiques ex soviétiques de l'Arménie et de l'Azerbaïdjan, les conflits de Tchétchénie (Fédération de Russie), l'instabilité dans l'ensemble du Caucase , guerre et morcellement de la Géorgie ,

---

[68] Parti de l'avant-garde socialiste (PAGS - communiste) ; son organe « Sawt - Echaâb », et « Déclaration de 1969 ».

séparatisme en Moldavie et Ukraine, régimes autoritaires en Biélorussie et républiques d'Asie centrale, et bien - entendu le conflit fratricide yougoslave. Sans omettre l'effondrement de l'économie, dont certains secteurs sont investis par le crime organisé (Albanie, Roumanie, Bulgarie, Russie, etc.). Ce travail de persuasion, ce matraquage à propos de la « frilosité » de l'Algérie dans ce mouvement d'émancipation grève, peu à peu, dans l'opinion publique, la perception d'une nation marginalisée, pétrifiée, passéiste. *Les Echos*.fr, du 19 décembre 2012, se désespère : « L'Algérie (...) a raté, (...) une nouvelle fois depuis 1990, son rendez- vous avec l'histoire : celui du printemps arabe. » Ces personnes n'ont pas relevé ou feignent de ne pas saisir que ce pays a entamé son long et lent, et, inévitablement, chaotique processus vers l'Etat de droit depuis cette époque, alors que les soulèvements arabes sont tout récents. Octobre 1988 est fondateur, dans la douleur, d'une société plurielle (multipartisme, liberté de la presse, identités, etc.) ; il est le point de rupture avec la période post 1962. Ce pays emprunte son propre chemin façonné par le conflit meurtrier des années 1990 mais aussi l'ouverture politique ; toutefois, le multipartisme, manipulé, discrédité, est inapte à donner l'alternance électorale espérée. La société, échaudée, ne possédant ni culture partisane, ni culture du dialogue, glisse, peu à peu, de la contestation politique à la protestation sociale ; celle-ci est contenue grâce aux disponibilités financières. Enfin, le pays ignore la figure du dictateur, omnipotent et inamovible, personnification d'un régime issu d'un coup d'état sur lequel la population peut cristalliser son exaspération. [69] En Algérie, le Chef de l'Éxécutif, cinq présidents depuis 1992, est un personnage subordonné, la pointe émergée d'un pouvoir opaque, retors, anachronique. Le président A. Bouteflika, bien que reconduit à quatre reprises, ne déroge pas à la règle. Le journal *les Echos* demeure « optimiste » dans son article du 19 décembre 2012 : « Sa disparition (du président de la République) ouvrirait (...) une période d'incertitude. (...). La rente gazière a ses limites et il n'est pas certain que le gaz de schiste (...) permette d'assurer demain sa pérennité. De plus, la société reste (...) inégalitaire, minée par une corruption endémique (...). La faiblesse des partis politiques d'opposition ne doit pas faire oublier (...) que les Algériens sont profondément politisés. Du reste, qui avait prévu le réveil du monde arabe (...) ? » En 2016, l'Algérie a amendé sa constitution qui reconnaît de nouveaux droits ; espérons qu'elle sera respectée, appliquée. En effet, les ressorts archaïques sont vivaces. La corruption généralisée, l'économie informelle, le clientélisme sont quelques instruments de cette « gouvernance ». Une caste a la mainmise sur le pays et use toujours et encore des mêmes subterfuges que sont la Guerre de

---

[69] Voir D. Aït Hamadouche, L., (2012), « L'Algérie face au « printemps arabe » : l'équilibre par la neutralisation des contestations », p.55-67 in « Algérie, 50 ans après » ; Paris, l'Harmattan, 236 pages.

libération nationale et la situation sécuritaire intérieure et régionale (Tunisie, Lybie, Sahara occidental, Sahel) ; ces artifices servent un unique objectif, la confiscation du pouvoir. L'effondrement, depuis l'été 2015 et jusqu'à aujourd'hui, des cours des hydrocarbures déclenchera-t-il des turbulences ? Ou bien ce pays va-t-il démentir, une nouvelle fois, les calculs et pronostics funestes des grands médias ? La chute des prix pétroliers pousse, néanmoins, le régime à la diversification des exportations, ce qui suppose l'édification d'une économie performante, et logiquement une baisse du chômage et de meilleures conditions de vie. Souhaitons que ce n'est pas une annonce sans lendemain, oubliée dès que les cours des hydrocarbures seront à la hausse.

# Table des matières

www.ingramcontent.com/pod-product-compliance
Lightning Source LLC
Chambersburg PA
CBHW071118280526
45787CB00003B/1088